AF382562

Dis papa, c'est quoi la laïcité ?

FSC
www.fsc.org
MIXTE
Papier issu
de sources
responsables
Paper from
responsible sources
FSC® C105338

Dis papa, c'est quoi la laïcité ?

Petites réflexions à l'attention des enfants, des parents et des enseignants

Yannick Jambon

© 2019 Yannick Jambon

Éditeur : BoD-Books on Demand
12-14 rond-point des Champs-Élysées, 75008 Paris
Impression : Books on Demand, Norderstedt, Allemagne

Illustration : Marie Paingris

ISBN : 978-2-3221-8872-7
Dépôt légal : Novembre 2019

À Lucie, ma fille, curieuse et avide de connaissances, dont les questions quotidiennes ont alimenté en partie cet ouvrage.

À Patrick et Artak, qui, il y a quelques années, m'ont encouragé à franchir le pas de la rédaction de ce livre.

À tous mes amis qui, soucieux de voir naître une humanité plus éclairée, m'ont permis d'affiner ma pensée par leurs stimulantes réflexions.

Dis papa, c'est quoi la laïcité ?

- La laïcité, c'est à la fois une valeur et un principe, selon lesquels l'État ne reconnaît aucune religion officielle. Cela veut dire qu'un pays se veut neutre et impartial en ce qui concerne les croyances. Il ne salarie donc aucun religieux, qu'il soit par exemple curé, imam, pasteur, ou rabbin. De la même façon, il ne finance directement aucun **culte***, nom que l'on donne aux pratiques religieuses rendant hommage à des divinités. En revanche, la **liberté de conscience*** est assurée, c'est-à-dire que chaque personne est totalement libre de croire en la religion qu'elle veut ou... de ne pas croire. Chacun est aussi libre de changer de croyance. L'État garantit en outre le libre exercice des cultes, du moment qu'aucun trouble à l'ordre public n'est constaté. Tout cela est clairement défini dans une des lois les plus importantes de notre pays, votée le 9 décembre 1905. Cette loi est couramment qualifiée de « loi de séparation des Églises et de l'État ». Chacun peut donc pratiquer la religion qu'il veut dans un lieu dédié à cet effet (temple, synagogue, mosquée, église etc.) mais doit respecter les lois de l'État. En retour, l'État assure l'égalité de tous devant la loi et face à son administration (les gens qui travaillent pour lui), quelles que soient leurs croyances ou leurs **convictions***.

Étymologiquement, le mot laïcité vient d'ailleurs de l'adjectif grec laïkos ; celui-ci est dérivé du grec laos, qui signifie « peuple », « nation ». Ce mot grec fut ensuite transcrit dans la langue latine sous le terme laïcus ; au Moyen-âge, ce terme désignait alors ceux qui n'étaient pas du clergé, ceux qui formaient la masse du peuple...

- Donc la laïcité concerne tout le monde ?

- En effet : croyants d'une religion, **déistes***, **agnostiques*** ou **athées***.

- Que signifient tous ces mots compliqués ?

- Le déiste reconnaît l'existence de Dieu en dehors de toute religion. Un agnostique prétend lui que Dieu ou les dieux ne peuvent pas être connus car ceux-ci sont inaccessibles. Les athées pensent eux qu'aucun Dieu n'existe.

- Quand le mot laïcité est-il apparu en France ?

- Le terme apparaît dans des dictionnaires à partir de 1871. Pourtant, beaucoup de gens se sont intéressés au rapport entre l'État et la religion bien avant cette date.

- Cela veut-il dire que la laïcité existait avant l'invention du mot ?

- Tout à fait. La laïcité s'est construite par une accumulation de réflexions, depuis plus de 2000 ans. Dès l'Antiquité, la pensée de certains philosophes, notamment grecs, interrogeait le rôle de la religion dans la société. Un philosophe est une personne qui cherche à répondre aux grandes questions de l'Homme grâce à son raisonnement propre. L'un d'eux, Épicure, est connu pour avoir expliqué, dans sa « lettre à Ménécée », qu'il ne fallait craindre ni les dieux, ni la mort. Même dans la Bible, le livre sacré des chrétiens, il est indiqué qu'il faut « rendre à César ce qui est à César, et à Dieu ce qui est à Dieu » (Évangile selon Saint-Marc (12:17)). C'était déjà une façon de dire que le pouvoir politique doit être indépendant de la religion. Que les chefs politiques s'occupent des affaires politiques et que les chefs religieux s'occupent des affaires religieuses ! Pour autant, les prémices de la laïcité en France sont probablement à chercher bien plus tard, en 1598.

- Pourquoi cette date est-elle importante ?

- 1598 marque la fin des guerres de religions en France. Pendant plusieurs décennies, les catholiques et les protestants se sont affrontés et massacrés au cours de huit conflits sanglants. Les catholiques et les protestants sont des chrétiens qui n'ont pas la même interprétation de la Bible, les premiers reconnaissant par exemple l'autorité du pape, les seconds non. Ces guerres religieuses ont pris fin lorsque le roi de France, Henri IV, réussit à mettre un terme à ce conflit. D'abord protestant, il se convertit au catholicisme en 1593, mais fit en sorte que catholiques et protestants puissent désormais vivre en paix dans son royaume. Au sujet de sa conversion, il aurait prononcé cette phrase célèbre : « Paris vaut bien une messe ». Cela signifiait que sa conversion était nécessaire pour mettre fin à des décennies de massacre, dont le plus connu fut la Saint-Barthélémy en 1572. Il fit ensuite adopter un texte nommé « édit de Nantes » en 1598. Ce texte garantissait aux protestants, minoritaires dans le Royaume, certains droits civils, politiques et religieux. Ainsi, la liberté de conscience était garantie aux protestants dans toute la France, mais leur liberté de culte était limitée à certains lieux. Ils avaient donc le droit d'être protestants, mais ils ne pouvaient installer leurs temples que dans des lieux autorisés. Par exemple, dans certaines villes, on ne les autorisa à célébrer leurs messes que dans les faubourgs, les quartiers situés en dehors des murailles.

Malheureusement, près d'un siècle plus tard, son petit-fils, Louis XIV, supprima ce texte, par l'édit de Fontainebleau en 1685. Les protestants furent à nouveau persécutés, contraints de fuir le Royaume ou de pratiquer leur religion en secret. C'est ce roi, Louis XIV, qui organisa les célèbres dragonnades...

- Des dragonnades ?

- Il s'agissait de **persécutions*** contre les protestants, c'est-à-dire d'un ensemble de violences et d'humiliations qui leur étaient infligées. Des soldats, nommés « dragons », recevaient l'ordre de s'installer chez les protestants, de vivre à leurs frais et d'obtenir par toutes sortes d'intimidations la conversion de leurs hôtes au catholicisme. Tant que le logeur protestant refusait la conversion, il devait donner de l'argent aux soldats, les nourrir et les loger, subir des violences physiques et verbales.

- La France a donc connu un retour en arrière...

- Clairement, Louis XIV a supprimé la liberté de croyance que son grand-père Henri IV avait établie pour les protestants. Pourtant, c'est au cours du XVIIIe siècle, qualifié de siècle des **Lumières***, que s'est forgée progressivement la valeur de laïcité telle que nous l'entendons aujourd'hui, grâce à des intellectuels qui rejetaient l'intolérance. Ceux-ci, les philosophes des Lumières, étaient nommés ainsi car ils souhaitaient éclairer les esprits. Certains d'entre eux sont aujourd'hui très connus dans le monde entier pour leurs livres et leurs idées. Peut-être as-tu déjà entendu parler de Rousseau, de Montesquieu, de Diderot, de Condorcet ou de Voltaire ?

- Oui. Nous en avons parlé à l'école dans une leçon d'histoire...

- Leurs idées ont grandement inspiré la Révolution française, notamment la fameuse Déclaration des Droits de l'Homme et du Citoyen, adoptée le 26 août 1789. Tu sais, c'est ce texte qui est affiché dans notre maison.

- Je sais : je l'ai aussi étudiée en classe ! La Déclaration des Droits de l'Homme parle donc de laïcité ?

- Le terme n'est jamais explicitement utilisé. Toutefois, la liberté de conscience est établie, puisque l'article 10 mentionne : « Nul ne doit être inquiété pour ses opinions, même religieuses, pourvu que leur manifestation ne trouble pas l'ordre public établi par la Loi ».

- Cette phrase me rappelle la loi de 1905 !

- Tout à fait. L'État doit être le protecteur de la liberté de conscience d'après cette phrase. Cependant, la pratique de la religion doit se faire dans le respect des lois.

- Comment ont réagi les religions à l'époque ?

- L'Église catholique a réagi très négativement : le pape Pie VI condamna publiquement la Déclaration des Droits de l'Homme et du Citoyen. Je vais te lire ce qu'il expliqua alors. Il dénonça « cette liberté absolue qui non seulement assure le droit de n'être point inquiété sur ses opinions religieuses, mais qui accorde encore cette licence de pensée, d'écrire et même de faire imprimer impunément en matière de religion tout ce que peut suggérer l'imagination la plus déréglée : droit monstrueux, qui paraît cependant à l'assemblée résulter de l'égalité et de la liberté naturelles à tous les hommes ». Pour les juifs et les protestants, au contraire, la Déclaration des Droits de l'Homme et du Citoyen était synonyme d'émancipation, de liberté. Ils étaient alors reconnus avant tout comme des citoyens à part entière, sur un pied d'égalité avec tous les autres habitants du Royaume.

- La religion catholique était donc intolérante... ?

- C'était malheureusement le cas de la papauté et d'une grande partie du clergé à cette époque. Ce n'était toutefois pas la seule religion au sein de laquelle se manifestaient des réactions d'intolérance. Pour autant, une partie du clergé et des catholiques étaient progressistes. Par exemple, l'abbé Grégoire fut un révolutionnaire important, fervent opposant de l'esclavage et de la société des privilèges.

- Les religions sont-elles toujours intolérantes pour ceux qui pensent différemment ?

- C'est totalement faux de penser cela. Aujourd'hui, tout dépend des croyants et des pays ; des courants existent au sein des grandes religions, c'est-à-dire des façons très différentes de pratiquer et de penser. Une même religion peut être opprimante et opprimée, selon les lieux et les personnes. Opprimante, cela signifie soumettre des personnes à une autorité excessive, au point de rendre leur vie malheureuse et dangereuse. Opprimée, cela signifie souffrir de persécutions. Chez les chrétiens, les bouddhistes, les musulmans, les hindouistes ou encore les juifs, on trouve donc des gens bons, ouverts d'esprit, qui veulent vivre leur foi simplement mais aussi des personnes intolérantes, capables de cruauté.

- Finalement, grâce à la Révolution française, cela fait deux cents ans que la France est un pays laïque ?

- Non. Plusieurs idéaux révolutionnaires ont été abandonnés rapidement, notamment certains énoncés dans la Déclaration des Droits de l'Homme et du Citoyen. De nombreux révolutionnaires ont fait preuve d'intolérance, si bien que plusieurs d'entre eux se sont entre-tués parce qu'ils n'étaient plus d'accord sur l'avenir du pays. Certains de ces révolutionnaires devinrent même des criminels sanguinaires, bafouant les idéaux qu'ils avaient eux-mêmes proclamés quelques années auparavant. D'autres Français prirent les armes par attachement au roi et à la religion catholique, comme les habitants de la région de Vendée ou les nobles menant une guerre civile appelée « terreur blanche ». Ils rejetaient donc les valeurs de la Révolution, preuve que certains Français étaient encore très attachés à la prédominance de la religion catholique. Quant à Napoléon Bonaparte, qui dirigea la France après la Révolution, il refit du catholicisme une religion d'État en signant un accord avec le pape. Cet accord, appelé Concordat, entra en application en 1802. Il instaurait la nomination des évêques par l'État après proposition de la papauté. L'État avait alors la charge de verser un salaire aux membres du clergé, comme les évêques ou les curés. Napoléon étendit ensuite ce système aux cultes protestants (dits luthérien et calviniste) ainsi qu'au culte israélite.

Il fallut attendre la fameuse loi votée le 9 décembre 1905 pour que la France devienne, d'un point de vue institutionnel, un pays laïque, respectant en cela la célèbre formule de l'écrivain Victor Hugo : « L'État chez lui, l'Église chez elle ». Avant cela, la laïcité s'était installée par étapes au cours du XIXe siècle.

- Peux-tu me dire quelles sont ces étapes ?

- Deux étapes furent notamment fondamentales : une loi de Jules Ferry de 1881 rendit l'école laïque. Les cours de religion disparurent alors de l'école, de même que tous les symboles religieux comme les croix. Les écoles publiques de France devinrent alors neutres. Une autre loi moins connue, la loi Goblet votée en 1886, confia l'enseignement à des enseignants exclusivement laïques, c'est-à-dire non religieux.

- Comment les Français ont-ils réagi face à la loi de 1905 ?

- Cette loi a profondément divisé les Français, d'autant plus que le pape avait demandé aux catholiques français de la rejeter. Le pape Pie X expliqua ainsi : « Qu'il faille séparer l'État de l'Église, c'est une thèse absolument fausse, une très pernicieuse erreur. Basée, en effet, sur ce principe que l'État ne doit reconnaître aucun culte religieux, elle est tout d'abord très gravement injurieuse pour Dieu. […] Nous lui devons donc, non seulement un culte privé, mais un culte public et social, pour l'honorer ». La loi de 1905 prévoyait la création d'associations cultuelles, en d'autres termes religieuses, pour subvenir aux frais, à l'entretien et à l'exercice public d'un culte. De violentes manifestations eurent lieu, car l'État avait prévu de faire des inventaires des objets, notamment religieux, que ces associations possédaient. Or, dans plusieurs régions, des fidèles catholiques s'opposèrent aux agents de l'État chargés de ces inventaires. Pour eux, ces inventaires étaient une profanation, c'est-à-dire une action qui souillait un lieu sacré, celui de leur église. Au total, 4800 manifestations furent organisées devant des lieux de culte, en particulier dans les régions de France où la foi chrétienne était la plus vivace, comme en Bretagne. Deux manifestants décédèrent même lors d'échauffourées, à Boeschepe dans le Nord et à Montregard, dans la Haute-Loire.

- Comment la situation s'est-elle finalement apaisée ?

- D'abord, Georges Clemenceau, nommé ministre de l'intérieur au moment de cette crise, fit le choix de suspendre les inventaires dans les régions où les tensions étaient trop fortes. Devant l'Assemblée nationale, il expliqua : « Nous trouvons que la question de savoir si l'on comptera ou ne comptera pas des chandeliers dans une église ne vaut pas une vie humaine ».
De plus, l'État a essayé, par des contreparties, d'obtenir un compromis, une forme d'arrangement par lequel chaque camp fit des concessions. Ainsi, les communes se virent confier la charge d'entretenir tous les bâtiments de culte (essentiellement des églises) construits avant 1905. Les catholiques n'avaient donc plus à payer seuls les réparations et l'entretien de ces édifices. Toutefois, cela crée des inégalités. Des religions, qui sont apparues après 1905 en France, ne bénéficient pas aujourd'hui d'un entretien de leur lieu de culte par les collectivités. Ainsi, l'islam n'était presque pas présent en France métropolitaine en 1905. La première mosquée de France, (la Grande Mosquée de Paris), fut inaugurée en 1926, avec le versement

exceptionnel d'une subvention de 500 000 francs par l'État. De ce fait, la religion musulmane n'a aucun des ses bâtiments de culte qui est entretenu par les communes, tout comme les églises, temples ou synagogues construits après 1905...

- On peut le penser, car de très nombreuses églises sont entretenues par les impôts de tout le monde. Toutefois, ces églises représentent un patrimoine architectural qui appartient à toute la nation. Certaines se visitent et attirent des touristes du monde entier, comme Notre-Dame de Paris, la cathédrale de Reims ou la basilique de Fourvière à Lyon, ce qui enrichit aussi toute la nation. De plus, l'État et les communes aident aujourd'hui certaines religions à se doter d'édifices de cultes. Par exemple, lorsque des musulmans veulent construire une mosquée, il est fréquent qu'un terrain leur soit mis à disposition de façon très avantageuse, par exemple contre le versement d'un euro symbolique ou sous la forme d'un bail emphytéotique, un contrat de louage qui met à disposition d'une association cultuelle un terrain pour plusieurs dizaines d'années, moyennant un loyer modéré. Ensuite, une association religieuse qui veut construire un bâtiment de culte peut créer une fondation. C'est une association particulière, reconnue d'utilité publique et qui est aidée par l'État. Lorsque des fidèles donnent de l'argent à une fondation, l'État leur rend 2/3 de la somme versée sous la forme d'une déduction d'impôts. En d'autres termes, si tu donnes 100 euros à une de ces fondations, l'État te baisse ton impôt sur le revenu de 66 euros. C'est comme si l'État finançait en fait deux tiers du budget de ces associations. De cette façon, la construction de bâtiments de culte, par exemple musulmans, protestants ou catholiques, est facilitée grâce à de l'argent public, c'est-à-dire l'argent de tous les citoyens, mais de façon indirecte. En fait, cela est souvent méconnu et il y a bien d'autres choses qui sont ressenties comme des injustices.

- Quoi, en particulier ?

- Comme la France est un pays d'histoire et de tradition chrétiennes, il se trouve que de nombreux jours fériés correspondent à des fêtes religieuses : Noël (le 25 décembre, qui célèbre la naissance de Jésus), le lundi de Pâques (qui commémore la mort de Jésus), le jeudi de l'Ascension, le lundi de Pentecôte, l'Assomption (le 15 août). Ce sont, pour la plupart, des jours fériés depuis des siècles. Ils ont été maintenus, même si le catholicisme n'est plus la religion officielle de la France.

- Ne faudrait-il pas donner des jours fériés aux autres religions ?

- Très clairement, non. Ce serait entrer dans une spirale où l'on ne travaillerait plus beaucoup dans l'année, car il faudrait donner satisfaction à toutes les religions ! Les fonctionnaires (les personnes qui travaillent pour l'État) ont quand même le droit à certaines absences pour raisons religieuses. Cela concerne les musulmans, les juifs, les chrétiens arméniens, les chrétiens orthodoxes et les bouddhistes, c'est-à-dire les religions les plus présentes en France, à côté des catholiques et des protestants. C'est une forme de compensation. Quant aux jours fériés chrétiens, ils ont perdu pour beaucoup de Français leur valeur religieuse originelle. Ainsi, pour beaucoup de de nos concitoyens, la fête de Noël est plus devenue une fête de famille où l'on s'offre des cadeaux qu'un moment où l'on célèbre la naissance de Jésus. Certaines personnes proposent de de supprimer ces jours fériés religieux ou de les remplacer par des jours fériés républicains, qui célébreraient des événements fédérateurs pour tous les citoyens, comme l'abolition de l'esclavage. Cependant, la suppression de ces jours fériés religieux serait très mal ressentie par les catholiques de France, qui ont le sentiment d'avoir déjà beaucoup perdu en 1905. De ce fait, l'État préfère ne pas modifier cette situation, d'autant plus que supprimer ces jours fériés reviendrait à plus travailler. Beaucoup de Français, qui profitent de ces jours pour partir en vacances ou participer à des moments familiaux importants, ne seraient pas contents. De même, les clubs sportifs qui organisent des tournois ou les professionnels du tourisme ne seraient également pas très satisfaits...

- La laïcité a-t-elle évolué depuis 1905 ?

- Depuis cette fameuse loi, la laïcité a subi plusieurs tentatives de redéfinition. Il est tout à fait logique, philosophiquement parlant, de questionner cette valeur et sa transcription dans les lois. Mais certaines requalifications de la laïcité aboutissent, volontairement ou non, à la vider de son sens, voire à la dénaturer. Réduire ce mot à la neutralité ou à la tolérance est, depuis plusieurs décennies, l'erreur la plus commune. Pour Jean Jaurès, un homme politique important du début du XXe siècle, « la plus perfide manœuvre des ennemis de l'école laïque, c'est de la ramener à ce qu'ils appellent neutralité, et de la condamner par là à n'avoir ni doctrine, ni pensée, ni efficacité intellectuelle et morale ». Ferdinand Buisson, un autre homme politique, résuma ainsi la pensée des ennemis de l'école laïque : « Ils veulent dire : soyez nuls ». La laïcité est bien plus que la simple neutralité de l'État dans le domaine religieux. Elle est clairement la synthèse de notre devise « liberté, égalité, fraternité » : elle garantit absolument les libertés de conscience, de pensée, d'opinion, de culte et d'expression de chacun. Elle assure l'égalité entre les citoyens en matière de droits fondamentaux, quels que soient leurs opinions religieuses, leurs origines, leur sexe, leur condition sociale (riches ou pauvres) ou leur orientation sexuelle (s'ils sont homosexuels ou hétérosexuels par exemple). Elle a pour objectif de permettre à des citoyens éclairés de vivre harmonieusement ensemble, comme des frères, en favorisant la solidarité, le pluralisme des opinions et des croyances dans un souci de respect mutuel. Elle veut l'émancipation des consciences par rapport aux **dogmes***, des affirmations considérées comme incontestables et dont on ne pourrait pas débattre.

- La laïcité n'est donc pas contre les religions ?

- Elle n'est pas, par définition, contre les religions. Au contraire, elle les protège tout autant qu'elle empêche leurs excès. Lorsque des attentats ou des dégradations sont commis contre des édifices de culte (église, mosquée, synagogue, temple), ces derniers sont gardés et protégés par des policiers ou des gendarmes. Ainsi, lorsque des mosquées ont été prises pour cibles en janvier 2015 par des personnes manifestement racistes, la police de la **République*** a été présente pour s'assurer qu'aucune nouvelle dégradation ne puisse avoir lieu et que les fidèles puissent pratiquer leur religion en paix. De la même façon, des écoles confessionnelles juives, potentiellement cibles d'attentats, ont été surveillées par des militaires. En revanche, la laïcité s'oppose fermement à toute tentative d'intrusion de la religion dans le champ public et politique, par exemple dans les domaines scolaire ou législatif. Ceci s'applique à toutes les croyances.

- Peut-on vraiment avoir n'importe quelle croyance en France ?

- Un ami me dit souvent : si j'ai envie de croire dans les pouvoirs de la carotte magique, rien ne m'en empêche en France. Ma seule obligation sera de respecter les lois de l'État et de ne pas chercher à m'en soustraire, ni à encourager mes adeptes à le faire. En cela, la laïcité essaie d'éviter le **communautarisme***, notamment religieux.

- C'est quoi, le communautarisme ?

- Cela désigne un repli des personnes sur des groupes qui vivent relativement séparés les uns des autres. Ces personnes considèrent que leur appartenance à un groupe (religieux, régional, ethnique ou autre) est plus important que leur appartenance à la nation. Par exemple, cela voudrait dire que certaines personnes se sentiraient plus bouddhistes ou alsaciens que citoyens français. De là découlent plusieurs constats. Les communautaristes ne se marient pas avec quelqu'un d'extérieur à leur communauté. Aucune perspective n'existe en dehors de leur groupe et il est par conséquent impossible de s'en détacher. Ils réclament également des lois spécifiques pour leur communauté et, dans certains pays, leurs propres tribunaux. Enfin, ils n'adhèrent pas aux valeurs du pays dans lequel ils vivent et ne se sentent pas inclus dans un destin commun avec les autres citoyens.

- Le communautarisme existe-t-il dans notre pays ?

- Selon un sondage réalisé en 2014 par une association, 4 Français sur 5 ne revendiquent aucune appartenance à une communauté, qu'elle soit fondée sur la religion ou l'origine. Cependant, il existe des signes que l'on peut considérer comme inquiétants, car le communautarisme peut fragiliser l'unité de notre pays. Plusieurs exemples retentissants ont eu une fort écho dans l'actualité ces dernières années, notamment à travers les revendications de courants extrémistes de l'islam. Je peux te citer un autre exemple, qui devrait interpeller nombre de citoyens de notre pays. À côté de l'école publique que tu fréquentes, il existe d'autres écoles, dites privées, la plupart étant clairement confessionnelles (essentiellement catholiques, mais il en existe aussi quelques unes juives et musulmanes). Ces écoles sont payantes et les familles les plus défavorisées n'y envoient généralement pas leurs enfants. La plupart de ces écoles sont dites « sous contrat ». Elles ont plusieurs obligations comme le respect scrupuleux des programmes scolaires. En retour, l'État assure le paiement des salaires de leurs enseignants. Ces écoles ne posent pas de problèmes, sauf qu'elles contribuent à réduire la diversité sociale des élèves au sein des écoles publiques. Dans d'autres écoles privées, notamment parmi celles dites « hors contrat », c'est-à-dire très libres par rapport à l'État et aux programmes scolaires officiels, l'objectif est clairement de séparer les enfants en fonction des croyances religieuses des parents ou de leurs richesses. Les personnes qui dirigent certaines de ces écoles ont une attitude manichéenne, c'est-à-dire qu'ils voient le monde en deux camps : celui du bien et celui du mal. Formulé autrement, il y a selon eux « les bons » ou les « purs » (ceux qui font partie de leur communauté) et les autres. Les enfants qui y sont scolarisés ne doivent donc pas être en contact avec des enfants considérés comme différents.

Face au communautarisme, il est nécessaire pour les responsables politiques d'être fermes, clairs et impartiaux sans être agressifs, quand bien même les tenants du communautarisme sont outranciers. Or, malheureusement, ce n'est parfois pas le cas.

- Tu veux dire que les responsables politiques ne font pas ce qu'il faut ?

- Au nom d'une logique électoraliste, destinée à gagner des voix (ou ne pas en perdre) lors des élections, beaucoup de responsables politiques se déplacent pour des événements communautaires et religieux, comme si les associations, notamment cultuelles, qui les invitaient étaient représentatives de la totalité des croyants. Alors, les responsables politiques invités s'adressent à des croyants, mais plus à des citoyens. Ainsi, nombre de responsables politiques se pressent dans les mosquées pour la fête de l'Aïd el-Fitr. De la même façon, le Conseil représentatif des institutions juives de France organise chaque année un dîner annuel auxquels sont conviés de nombreuses personnalités. Pour la première fois, en 2018, l'Église catholique a organisé un événement similaire, auquel a participé le président de la République. Ne pas honorer ces invitations signifie-t-il pour autant que l'on est anti-musulman, antisémite, anti-catholique ou que l'on dédaigne les juifs, les musulmans et les catholiques de France ? Je ne le pense pas. Participer à ces événements, c'est mettre le doigt dans un engrenage, car il faut veiller ensuite à montrer que l'on accorde autant d'importance à toutes les autres religions, en ignorant au passage tous ceux qui ne sont pas croyants en une religion importante, ainsi que les agnostiques et les athées.

- Pourquoi ? Certains pourraient-ils se vexer ?

- Des ressentiments peuvent rapidement se créer, notamment si, à tort ou à raison, des personnes pensent qu'un groupe religieux est privilégié par rapport aux autres. C'est souvent ainsi que naît le discours du « deux poids, deux mesures », notamment chez certains musulmans qui considèrent que le judaïsme est privilégié en France. Le plus simple serait de ne pas participer à ces événements communautaires. Les musulmans, les juifs et les chrétiens, qui sont les plus souvent concernés, n'en seraient pas pour autant des citoyens de seconde zone, de même que tous les citoyens de religions plus minoritaires (courants protestants, chrétiens orthodoxes, chrétiens d'Orient, bouddhistes ou que sais-je encore). Tous seraient quand même traités sur un pied d'égalité, ce qui est absolument primordial pour faire vivre la citoyenneté dans notre pays. Les responsables politiques doivent surtout donner des gages au quotidien prouvant qu'ils sont prêts à donner jusqu'à la dernière goutte de leur sang pour permettre à tous les croyants de vivre sereinement dans notre pays, quelques soient leur foi et leur pratique religieuse. Retiens malgré tout que l'on ne peut pas encore qualifier la France de pays communautariste, quand bien même certains responsables politiques tendent à le favoriser.

- Pourquoi ?

- La France est le pays d'Europe où les mariages dits mixtes sont les plus importants. Ces mariages mixtes voient se marier des gens d'horizons très différents, tant par leurs origines que leurs religions. C'est le signe que des gens sont tout à fait capables de sortir de leur communauté au nom de l'amour. C'est une grande force de notre pays. Regarde dans notre famille, nous avons plusieurs exemples à citer parmi nos cousins, tantes ou oncles, qui filent le parfait amour avec un conjoint d'origine italienne, cambodgienne ou tunisienne. De plus, la France comprend les plus importantes minorités musulmanes et juives d'Europe, tandis que la religion catholique reste la plus suivie. Notre pays comprend aussi de nombreux agnostiques et athées, qui rassemblent selon les enquêtes entre la moitié et deux tiers des habitants de notre pays. Ces derniers sont généralement ignorés des responsables politiques.

- Alors, la laïcité, c'est l'amour qui est plus fort que les différences religieuses ?

- La laïcité place en effet des valeurs comme l'amour et la fraternité au-dessus des appartenances religieuses. N'est-elle pas en cela l'écho de que Dieu aurait dit à Moïse et aux hommes, selon la Bible, dans les Dix Commandements : « aimez-vous les uns les autres ». Finalement, quelqu'un qui se prétend laïque peut-il choisir pour son enfant quelles doivent être sa spiritualité et sa croyance (ou non croyance) ? Les parents ne sont pas propriétaires de l'esprit, de l'âme de leur enfant. D'ailleurs, qu'un enfant pratique une religion en mimant ses parents, sans développer une spiritualité propre et sans capacité de raisonner sur ses actes, devient-il un croyant éclairé et sincère dans son rapport à un ou des dieux ?

- La laïcité permet donc à chaque personne de ne pas croire comme ses parents ?

- La laïcité protège effectivement ceux qui changent de religion, deviennent croyants ou non-croyants. En d'autres termes, elle est garante d'une totale liberté de conscience, en permettant à chaque citoyen, grâce à son éducation, de faire un choix éclairé. La croyance ou non croyance doit être sincère, respectueuse de soi-même et d'autrui. D'ailleurs, je ne suis pas propriétaire de ton esprit. Tu feras ton propre chemin et tu décideras par toi-même ton positionnement en ce qui concerne les croyances quand tu seras adulte.

- Est-ce que la laïcité existe dans beaucoup de pays du monde ?

- Disons que de nombreux pays appliquent en partie cette idée... mais de très nombreux autres pas du tout. Le mot « laïcité » est souvent difficile à traduire dans d'autres langues, preuve que cette laïcité française est particulière. Dans beaucoup de pays, notamment les dictatures, la liberté de conscience n'est jamais assurée. Soit il existe une religion officielle à laquelle tout le monde doit d'adhérer, soit il existe une forme de tolérance relative, mais qui ne garantit pas la liberté de conscience. Par exemple, au Maroc et en Tunisie, il existe une certaine tolérance religieuse, notamment pour les chrétiens et les juifs. Toutefois, le cas des déjeûneurs montre que la tolérance n'est pas synonyme de liberté absolue de conscience.

- Qui sont ces déjeûneurs ?

- Ces sont des Marocains et des Tunisiens qui ne se considèrent pas ou plus comme musulmans, dans des pays où l'islam, religion officielle, est suivie par une majorité écrasante de la population. Ils demandent simplement d'avoir le droit de manger et de boire en public quand ils le souhaitent pendant le Ramadan.

- C'est quoi le Ramadan ?

- C'est un mois du calendrier musulman durant lequel les fidèles se doivent de pratiquer un jeûne total du lever au coucher du soleil. En d'autres termes, ils ne doivent ni boire, ni manger pendant la journée pour des raisons religieuses. Au Maroc, mais aussi en Tunisie, le fait de réclamer de pouvoir manger ou boire en public a conduit certains déjeûneurs directement en prison. C'est une grave atteinte à la liberté de conscience, dans des pays qui sont pourtant loin d'être les plus intolérants au monde.

- Et dans les grandes démocraties comme les États-Unis ou les pays d'Europe, la laïcité est-elle présente ?

- En fait, on trouve des choses étonnantes, pour nous Français, dans d'autres démocraties. Par exemple, aux États-Unis, la liberté religieuse est réelle. D'ailleurs, de très nombreuses religions sont pratiquées dans ce pays. L'État est officiellement neutre (il ne reconnaît aucune religion officielle) et il ne finance pas les écoles privées (au contraire de ce qui se passe en France avec les écoles dites « sous contrat »). Pour autant, la situation de ce pays nous déroute, pour plusieurs raisons. Sache que dans la plupart des écoles publiques étatsuniennes, les enfants et les enseignants saluent chaque matin le drapeau de leur pays en récitant un texte, nommé « serment d'allégeance », qui contient ces mots : « une nation unie sous l'autorité de Dieu » (« one Nation under God, indivisible »). De la même façon, les billets de banque comportent la mention « In god we trust », une des devises du pays qui peut être traduite ainsi : « En Dieu nous croyons ». Ce n'est pas tout : il est d'usage que le président nouvellement élu prête serment sur la Bible lors d'une grande cérémonie. Lorsqu'il prononce un discours, comme presque tous les candidats aux élections, il termine toujours son allocution par ces mots : « God bless America » (« Que Dieu bénisse l'Amérique »). Le fait de ne pas croire en Dieu est très mal vu pour beaucoup d'Américains pour au moins deux raisons. D'abord, la croyance en Dieu est considérée par beaucoup de personnes comme un gage de moralité, une preuve que vous êtes quelqu'un de bien. De plus, dans ce pays dont l'histoire est très marquée par la foi d'immigrés fuyant l'Europe à cause de persécutions religieuses, être non-croyant, c'est aussi un peu renier sa patrie et son histoire. Aujourd'hui, un candidat à l'élection présidentielle qui se déclarerait athée n'aurait probablement aucune chance d'être élu. Nos démocraties, si proches sur beaucoup de points, sont donc très éloignées en ce qui concerne le rapport aux croyances.

- Tu veux dire que beaucoup de démocraties ne sont pas laïques...

- Effectivement... Mais si ta question est de savoir si le modèle français est unique, alors la réponse est plutôt non. Disons qu'il est plutôt original, voire précurseur. René Rémond, un grand historien français, avait expliqué : « la laïcité n'est pas une exception française, mais une antériorité française, comme le fut la Déclaration des Droits de l'Homme ». Il voulait dire que la France avait servi d'exemple pour d'autres pays, qui se sont inspirés de la loi de 1905 sans pour autant la copier totalement. Dans beaucoup de pays démocratiques, par exemple proches de chez nous, il existe des choses qui s'opposent fondamentalement à la laïcité à la française : l'existence d'une religion d'État (au Royaume-Uni par exemple), le financement public de certaines religions par l'État (en Allemagne), l'enseignement de la religion dans les écoles, financé par l'État et dont la note compte comme celle d'autres options (c'est le cas en Italie) ou la présence de crucifix dans les salles de classe (par exemple en Espagne). Sur ce dernier point, sache qu'il existe une région en France où la loi de 1905 n'est pas appliquée et où les écoles publiques ont la possibilité légale de fixer des crucifix sur les murs : il s'agit de l'Alsace Moselle.

- Il n'y a pas de laïcité dans cette région ?

- Cela peut paraître étonnant, mais effectivement, les principes laïques ne sont pas tous appliqués dans cette région. En effet, en 1870, la France a perdu une guerre contre l'Allemagne. En raison de cette défaite, la région de l'Alsace Moselle (qui comprend les villes de Strasbourg, de Mulhouse ou encore de Metz) a été intégrée à Allemagne de 1870 jusqu'à 1918, date de la fin de la Première Guerre mondiale. Ce conflit, perdu cette fois-ci par les Allemands, a permis à la France de récupérer ce territoire. En conséquence, lorsque la loi de 1905 a été adoptée, ce territoire était allemand. Lorsque l'Alsace Moselle redevint française, cette région conserva son droit local. Ce territoire applique donc encore le Concordat établi par Napoléon. Cela signifie que quatre cultes sont reconnus (catholique, juif et deux cultes protestants) et financés par l'État. 1 400 personnes (1 059 prêtres, 306 pasteurs et 28 rabbins) sont rémunérés, ce qui coûte environ 60 millions d'euros chaque année au budget de l'État. Pour certains Français, la laïcité devrait être étendue à cette région et l'État ne devrait plus salarier de religieux. Il s'agit d'un des combats pour la laïcité les plus souvent cités.

- Y a-t-il encore d'autres combats à mener pour la laïcité ?

- Sur ce sujet, les avis divergent entre les Français, selon leur propre approche de la situation actuelle. Certains pensent que des combats peuvent être menés au nom de la laïcité alors que pour d'autres, pas du tout ! Certaines personnes souhaitent par exemple que l'euthanasie soit autorisée. Il s'agirait de provoquer la mort de personnes en fin de vie, qui souffrent et qui sont atteintes de maladies dont on ne guérit pas, à leur demande, en accord avec la volonté de leur famille. L'euthanasie est notamment rejetée par les grandes religions, qui considèrent que seul Dieu doit décider de la mort. En fait, il n'y a pas de vision commune de ce qu'est la vie, car tout le monde n'en donne pas la même définition...

- Quelles sont les différentes définitions de la vie ?

- Pour simplifier les choses, disons que beaucoup de croyants des grandes religions monothéistes considèrent que la vie est un don de Dieu, dont nous ne sommes pas propriétaires. Dieu la donne et Dieu la reprend sans que nous ne devions intervenir. Au contraire, pour la plupart des personnes favorables à l'euthanasie, la vie est avant tout culturelle. La vie, ce n'est pas qu'un cœur qui bat et qui s'arrête un jour. Notre vie, c'est notre rapport au monde, aux autres êtres vivants et à la nature qui nous entourent. Si nous n'avons plus aucun espoir d'être en contact avec ce qui est autour de nous et que nous souffrons, alors la mort apparaît comme une libération nécessaire.

Au nom de la laïcité, les partisans de l'euthanasie peuvent s'opposer aux prises de position des principales religions de notre pays et demander une évolution de la loi qui, pour l'instant, interdit tout geste destiné à abréger la vie, excepté l'arrêt d'un traitement (comme l'alimentation ou l'hydratation artificielle). Ils considèrent que les religions n'ont pas leur mot à dire dans la création des lois, surtout si rien n'est imposé à personne.

- Cela veut dire que grâce à la laïcité, on peut contester ou critiquer une religion ?

- Critiquer au nom de la raison, oui ; c'est même un fondement de notre démocratie. Il est possible de dire que l'on ne croit pas, que l'on pense que Dieu n'existe pas et même montrer son désaccord quant au fonctionnement ou aux prises de position politiques et religieuses de croyants ou de responsables religieux.

En revanche, l'on ne peut pas **diffamer*** ou insulter les croyants ou les non-croyants : dire que « les athées sont des imbéciles », « les juifs des voleurs » ou « les agnostiques des crétins » tombe sous le coup de la loi. Ainsi, une actrice française, très célèbre dans les années 1950 et 1960, Brigitte Bardot, avait proclamé, en parlant des musulmans, qu' « il y en a marre d'être menés par le bout du nez par toute cette population qui nous détruit, détruit notre pays en imposant ses actes ». Elle sous-entendait que les musulmans de France n'apportaient rien à notre pays, sinon des ennuis. Tu l'imagines, les propos de Brigitte Bardot escamotent volontairement les nombreux apports des musulmans en France, dans le monde de l'entreprise, de la science, du sport, du médecine, la culture ou encore la vie associative. Quand tu vois le seul exemple de ton ancienne nounou, Béchira, tu vois bien que les propos de Brigitte Bardot sont inadmissibles, insupportables et intolérables.

- *Elle est si gentille, Béchira...*

- Et regarde le parcours de ses enfants... ingénieur, experte comptable, cheffe de produit marketing... Elle a toujours veillé à te transmettre des valeurs identiques à celles de notre famille : le respect d'autrui et de soi-même, la politesse, le sens du partage, la tolérance, la bienveillance. Cela explique pourquoi nous l'apprécions autant. En tant que professeur, j'ai croisé un nombre très important d'élèves issus de familles originaires des pays du Maghreb, d'Afrique noire ou de Turquie, qui se disaient musulmans et qui pratiquaient certains rites comme le Ramadan. La très grande majorité n'avait qu'un objectif ; réussir dans la vie, grâce à l'école. Anis, Attiqa, Manel, Sara, Lamia, Karim, Amine, Miriam, Hasna, Inès, Fatima, Oumaya, Binta, Hafidha, Amel, Elsa, Imane, Gulsum, Adel, Yasemin, Abdoulaye, Issam, Mustafa, Mehmet, Rayan, Rana, Yacine, Ilyes, Hilal, et tant d'autres... Ces élèves, pour certains excellents, m'ont tous marqué très positivement : ce sont tous des Français dont la République peut être très fière. Ils enrichissent notre pays par leur parcours et leur abnégation. Ils n'ont jamais fait parler d'eux autrement que par leur travail, leur sérieux leur mérite et leurs qualités humaines.

- Pourquoi parle-t-on beaucoup de laïcité dès qu'il y a un attentat en France ?

- La liberté de critiquer les religions n'est pas toujours acceptée ; c'est ce qui est à l'origine d'un des plus graves attentats ces dernières années, en janvier 2015. Pour certaines personnes, il n'est pas possible de rire des religions ou des personnages religieux. Or, en France, on peut rire de Dieu, du fils de Dieu ou d'un prophète. La loi protège les auteurs de **caricatures*** ou les humoristes, à la condition qu'ils ne s'en prennent pas toujours à la même religion.

- Cela peut heurter des gens de dire des choses comme cela...

- Oui, tout comme les messages religieux peuvent choquer. Dire à quelqu'un, qui ne partage pas les mêmes idées que soi, qu'il va brûler en enfer après sa mort est d'une grande violence... Dans les livres sacrés des grandes religions monothéistes, les non-croyants sont très souvent dénigrés : on les traite par exemple de païens chez les chrétiens ou de kouffars (c'est-à-dire mécréants) chez les musulmans.

- Mais tous les chrétiens ou les musulmans ne pensent pas cela !

- Effectivement, seule une minorité en est convaincue. Pour quelques extrémistes, la violence peut même être utilisée, notamment contre ceux qui ne pensent pas comme eux. Tu te rappelles probablement que des journalistes et des dessinateurs travaillant pour le journal Charlie Hebdo ont été assassinés par des extrémistes musulmans.

- Oui, je m'en rappelle bien ! Nous avions manifesté avec énormément de personnes juste après les attentats.

- On peut ne pas être d'accord avec un journal. Pour autant, prêter à ce journal des propos qu'il n'a jamais tenus ou les sortir de leur contexte est inadmissible. Quant à tuer des dessinateurs et des journalistes parce qu'ils n'ont pas les mêmes idées que toi, cela relève de la plus totale intolérance. Si tu n'es pas d'accord avec ce journal, il te suffit de ne pas l'acheter !

- De quoi était accusé ce journal ?

- Charlie Hebdo a d'abord fait parler de lui en 2006 pour avoir reproduit des caricatures d'un journal danois, le Jyllands-Posten. Ces caricatures, pas toujours de bon goût, concernaient le prophète Mahomet et plus globalement l'islam. Ces dessins avaient entraîné, suite à leur publication au Danemark, des manifestations très violentes dans certains pays musulmans. En France, seul un journal, France-Soir, publia ces dessins (que tout le monde pouvait voir sur internet...) le 1er février 2006. Le lendemain, le directeur de la rédaction de ce journal fut licencié par son patron. C'est alors que Charlie Hebdo décida, au nom de la liberté de la presse, de publier ces caricatures pour soutenir le journaliste licencié de France-Soir. De plus, Charlie Hebdo ajouta ses propres dessins dans un numéro spécial, dont l'un, dessiné par un caricaturiste appelé Cabu, figura en une. Or, ce dessin créa une polémique, c'est-à-dire un débat très violent.

- Que montrait ce dessin ?

- Ce dessin montrait le prophète Mahomet (le personnage le plus important dans l'islam) en train de pleurer, le visage caché par ses mains. Celui-ci disait : « C'est dur d'être aimé par des cons... » Un texte indiquait en outre : « Mahomet débordé par les intégristes ». Ce dessin sous-entendait que Mahomet était triste de voir des intégristes (c'est-à-dire des extrémistes musulmans) l'aimer, ces extrémistes étant donc traités de « cons » par Cabu.

- Certains musulmans ont dû être en colère...

- Charlie Hebdo a d'abord été attaqué en justice par les responsables de la Grande Mosquée de Paris pour « injure publique à l'égard d'un groupe de personnes à raison de la religion ». Le procès qui eut lieu fut très suivi car si le journal Charlie Hebdo était condamné, cela aurait marqué une forme de **censure*** de la presse pour tout ce qui touche à la religion.

- C'est quoi la censure ?

- Cela désigne toute limitation de la liberté d'expression, notamment dans la presse. Elle se produit quand un pays interdit aux journalistes, aux écrivains ou aux cinéastes d'aborder certains sujets.
- Quelle décision les juges ont-ils finalement prise ?

- Le journal Charlie Hebdo a été relaxé, donc déclaré innocent, car le tribunal a considéré qu'il n'y avait pas la « volonté délibérée d'offenser directement et gratuitement l'ensemble des musulmans ». Effectivement, ce journal publiait essentiellement des caricatures portant sur la vie politique française et se moquait de toutes les religions, en particulier la religion catholique, car c'est la plus importante dans notre pays. Les juges savaient que leur décision était importante. En effet, il est très difficile, d'un point de vue législatif, de placer le curseur au bon endroit sans risquer de supprimer un pan important de la liberté d'expression et de conscience. L'ancien président de la République, Nicolas Sarkozy, avait résumé cela par la phrase : « je préfère l'excès de caricature à l'absence de caricature ». Pourtant, il était très souvent caricaturé par ce journal qui n'était pas tendre avec lui. Il avait malgré tout choisi de soutenir les auteurs de caricatures durant ce procès, qui a fait réfléchir la société sur le problème du délit de **blasphème***...

- C'est quoi le blasphème ?

- C'est le fait de porter atteinte à une religion. Le simple fait de dire que l'on ne croit pas en un dieu ou en un prophète est déjà un blasphème pour certains croyants. Dans beaucoup de pays, ce délit de blasphème existe encore. Il est puni de sévères peines de prison, de coups de fouets, voire de la peine de mort. Raouf Badawi, un internaute saoudien, a été condamné le 7 mai 2014 à dix ans de prison et 1000 coups de fouets (sous la forme de 20 séances de 50 coups de fouets). Son crime ? Avoir écrit sur un site internet l'opinion de quelqu'un d'autre, qui disait que « musulmans, chrétiens, juifs et athées sont tous égaux ». Ses plus farouches adversaires souhaitent même qu'il soit rejugé pour apostasie. C'est, dans ce pays, un crime très grave qui concerne toutes les personnes qui décident de ne plus être musulmanes et d'abandonner leur religion. Cela pourrait lui valoir la peine de mort. Au nom de la laïcité, on considère en France que le blasphème et l'apostasie n'existent pas et n'ont donc pas à être punis par la loi.

- Au final, la laïcité n'est-elle pas devenue une nouvelle religion pour ceux qui s'en réclament ?

- Absolument pas. La laïcité n'est pas une opinion ou une croyance parmi d'autres mais la liberté d'en avoir une. Elle n'est pas une conviction mais la valeur et le principe qui les autorisent toutes, sous réserve du respect de l'ordre public. Son principe a été inscrit dans la constitution, la loi suprême de la République, en vigueur depuis 1958. Ce texte est un mode d'emploi politique de notre pays, qui rappelle aussi les valeurs communes qui unissent tous les citoyens. Pour autant, la laïcité n'est ni une religion, ni un dogme. C'est une valeur qui a été forgée par la raison, discutée collectivement et adoptée par une majorité de citoyens, traduite dans le droit sous la forme d'un principe juridique et de lois. Sa définition est susceptible de légères modifications ou adaptations, sans jamais trahir le sens et l'esprit initial du mot, comme pour d'autres valeurs comme la liberté par exemple.

- Tous les gens qui se disent laïques le sont-ils vraiment ?

- Le problème d'un **concept*** (une idée générale et abstraite si tu préfères), c'est que tout le monde peut le récupérer et tenter de se l'approprier. Il est saugrenu de voir notamment aujourd'hui un parti comme le Rassemblement National se déclarer laïque. Historiquement, ce parti a plutôt été proche des chrétiens intégristes. Certains imams, rabbins, curés ou pasteurs se réclament aussi parfois de la laïcité, mais appellent, au nom de leurs croyances, à combattre certaines lois, comme celle concernant le mariage pour tous, ce qui est contradictoire.

- C'est quoi, cette loi sur le mariage pour tous ?

- Il s'agit d'une loi votée en 2013 en France, qui permet à des personnes de même sexe (deux hommes ou deux femmes) de se marier. Cette loi a été combattue par de nombreux Français, dont beaucoup qui considéraient, pour des raisons religieuses, que le mariage ne pouvait unir qu'un homme et une femme. Pour autant, cette loi ne leur enlevait aucun droit et n'agressait pas leur religion. Elle permettait simplement à des personnes de vivre leur vie sans qu'aucune idée religieuse ne l'empêche.

- Comment reconnaître alors les gens qui sont sincèrement laïques ?

- Les Français dans leur ensemble sont très attachés à la liberté de conscience et à la séparation des Églises et de l'État. Les adversaires de la laïcité ont deux profils. Il y a ceux qui s'opposent ouvertement à cette idée et il y a les autres, ceux qui veulent modifier notre système actuel. Ceux-là veulent radicalement transformer ce concept de laïcité et lui accolent souvent un adjectif. Ils réclament une laïcité plurielle, une laïcité interculturelle, une laïcité ouverte, une laïcité nouvelle, une laïcité positive, une laïcité inclusive, une laïcité partagée etc. Ils ont le plus souvent un double discours, une connaissance ou une interprétation très approximative de ce qu'est la laïcité et une tolérance à géométrie variable. De plus, certaines personnes se cachent derrière le mot laïcité pour tenir des propos agressifs contre les musulmans.

- Que leur reprochent-ils ?

- Leurs propos ne visent qu'à attaquer, dénigrer voire insulter les musulmans au seul motif de leur croyance, en faisant bien entendu des généralités. Les attentats qui ont eu lieu en France ces dernières années ont joué un rôle négatif.

- *Les musulmans sont-ils les seules personnes attaquées en France au nom de leur croyance ?*

- Des catholiques, des protestants, des juifs, des orthodoxes, des athées ou des agnostiques peuvent aussi l'être. Il suffit d'ailleurs de regarder en France le nombre de lieux de culte ou de cimetières vandalisés. Les églises catholiques sont, de très loin, les lieux de culte les plus touchés par des actes de vandalisme en France. Par ailleurs, ce sont surtout les juifs qui ont été les plus attaqués ces derniers siècles.

- *Pourquoi ?*

- Pendant des siècles, ils ont été accusés par l'Église catholique d'être le peuple déicide, « meurtrier de Dieu », c'est-à-dire le peuple qui a tué Jésus-Christ. En effet, dans le Nouveau Testament (les chapitres de la Bible écrits après la vie de Jésus), il est indiqué : « Ce sont ces juifs qui ont fait mourir le Seigneur Jésus et les prophètes, qui nous ont persécutés, qui ne plaisent point à Dieu, et qui sont ennemis de tous les hommes ». Pendant de nombreux siècles, des prêtres ont donc expliqué cela aux fidèles chrétiens. Ainsi, lorsque survenait une catastrophe comme une épidémie de peste ou une famine, les chrétiens considéraient souvent qu'il s'agissait d'une manifestation de la colère divine pour punir les péchés des hommes. Les juifs étaient directement considérés comme responsables, car selon eux, Dieu ne pouvait pas punir les chrétiens ! Ainsi, il y eut de nombreuses violences contre les juifs : villages brûlés, expulsions, massacres. Enfin, ils ont toujours été une minorité, un groupe faible en nombre et donc une proie idéale. Effectivement, la destruction de leur temple à Jérusalem en 70 après J-C obligea de juifs à quitter leur terre, à s'éparpiller un peu partout et à former une diaspora.

- C'est quoi une diaspora ?

- Le mot « diaspora » est un mot grec qui signifie « dispersion ». Aujourd'hui, le mot diaspora désigne la dispersion d'un peuple dans le monde. Généralement, ce peuple garde des liens culturels (et parfois économiques) forts avec sa terre d'origine.

- Pourtant, aujourd'hui, les juifs doivent vivre plus tranquillement, notamment en France, car le pape François ne dit jamais du mal d'eux. Je l'ai même vu à la télévision recevoir des rabbins au Vatican.

- Malheureusement, une nouvelle forme d'antisémitisme se développe en France, mais elle n'est plus l'œuvre des chrétiens. Récemment, les juifs de

France ont été associés par certains imbéciles à l'État d'Israël. Cet État, peuplé majoritairement de juifs, connaît des tensions avec un peuple, les Palestiniens, pour une histoire de partage de terre. Au nom de la défense des Palestiniens, certains Français, notamment issus de familles musulmanes, ont cru bon d'attaquer de façon virulente les juifs de France, alors qu'ils ne sont en rien responsables de ce qui se passe au Proche-Orient. Des enfants juifs ont même été tués dans une école, près de Toulouse, par un terroriste. Le problème est que le Coran contient, comme la Bible, des passages équivoques et tendancieux qui pour certains extrémistes, peuvent justifier la haine des juifs. Par exemple, il est écrit dans le Coran (V : 51) « O croyants ! Ne prenez point pour amis les juifs et les chrétiens ; ils sont amis les uns des autres ». Un autre passage dit aussi dans le Coran (IX : 5) : « Tuez les incrédules où que vous les trouvez, capturez et assiégez les et préparez pour eux chaque genre d'embuscade ». Mais le Coran contient aussi des passages contradictoires, appelant à la paix et la tolérance, notamment la phrase : « Pas de contrainte en religion ! » (II : 256). Il y a aussi ces lignes aussi célèbres : « Tuer une âme non coupable du meurtre d'une autre âme, c'est comme tuer l'humanité entière. Sauver une vie, c'est sauver l'humanité entière » (V : 32).

Retiens que quand un juif, un musulman, un chrétien, un athée, un agnostique quelque autre personne est persécuté pour ses croyances, ce sont tous les citoyens français qui se doivent de le soutenir, au nom de la liberté absolue de conscience induite par la laïcité.

- Peut-on être d'une religion et laïque ?

- Tout à fait ! C'est même le cas de la très grande majorité des croyants en France. Certains en sont convaincus, d'autres le sont sans le savoir ou se l'avouer...

- C'est possible d'être laïque sans le savoir ?

- C'est possible car la laïcité n'a pas toujours été correctement expliquée dans les programmes de l'enseignement secondaire. D'ailleurs, beaucoup d'enseignants exerçant aujourd'hui en France n'ont pas du tout été sensibilisés à cette valeur au cours de leur formation. Depuis quelques années et notamment les attentats récents, l'accent a de nouveau été mis sur la formation aux principes laïques pour les jeunes enseignants. Le manque de compréhension de ce qu'est la laïcité a pu provoquer de grandes incompréhensions, comme au sujet des lois adoptées en 2004 et en 2010.

- Que prévoyaient ces lois ?

- Ces deux lois avaient des objectifs très différents. La première, de 2004, était clairement laïque. Elle interdisait aux élèves le port de signes religieux dits « ostentatoires », qui cherchent à attirer l'attention, dans l'enceinte des écoles. La seconde était une mesure d'ordre publique interdisant le port de vêtements dissimulant le visage dans l'espace public.

- Pourquoi a t-on fait ces nouvelles lois ?

- La première loi a été créée car des tensions commençaient de plus en plus à se produire au sein de l'école. Des professeurs avaient ainsi vu des élèves refuser de participer à certains cours, notamment en éducation physique et sportive. Par exemple, dans certains établissements, des familles ne voulaient pas que leur enfant suivent des cours de natation, alors que c'est un enseignement essentiel, qui peut notamment sauver de nombreuses personnes de risques de noyade. Les arguments évoqués étaient différents : ma fille porte le voile et ne peut pas porter un maillot de bain pour des raisons de pudeur, mes enfants ne doivent pas aller à la piscine en période de Ramadan car ils pourraient boire un peu d'eau de la piscine... En plus, certaines familles et certains enfants faisaient pression sur les autres élèves qui voulaient aller à la piscine apprendre à nager, en les traitant de mauvais croyants... De ce fait, la loi de 2004 visa à protéger des mineurs contre des manifestations de convictions religieuses susceptibles de renforcer les préjugés chez des enfants dont l'esprit n'avait pas encore atteint sa maturité propre à l'exercice de l'esprit critique. Là était la motivation essentielle de cette loi : bannir le **prosélytisme*** de l'école de la République. Enfin, l'interdiction du voile à l'école permet aussi d'éviter toute fraude par le biais d'appareil de communication qui seraient cachés et permettraient à des élèves d'avoir des oreillettes. Mais d'autres tensions portant sur les programmes scolaires ont aussi vu le jour.

- Quelles étaient ces autres tensions qui existaient dans les écoles à cause de la religion ?

- A la fin des années 1990, certains élèves ont aussi commencé à manifester leur refus du contenu de certains cours. Par exemple, certaines familles étaient convaincues, pour des raisons religieuses, par des théories créationnistes. Ces théories expliquent la création du monde et de l'univers par Dieu et s'opposent à une autre théorie, dite évolutionniste, inspirée par les travaux d'un dénommé Charles Darwin. Les scientifiques considèrent aujourd'hui par exemple que l'homme actuel, nommé homo sapiens, est issu d'une évolution et de croisements d'hominidés (ou grands singes) ayant abouti à la création d'une espèce distincte. Pour les créationnistes, les dinosaures et les hommes auraient vécu ensemble sur Terre il y a 6000 ans, alors que les scientifiques les plus reconnus expliquent que les dinosaures ont probablement disparu il y a 66 millions d'années, c'est-à-dire bien avant l'apparition de l'Homme sur Terre, car on sait dater leurs ossements retrouvés partout dans le monde grâce à plusieurs techniques qui concordent... De ce fait, les élèves issus de familles créationnistes nient catégoriquement tout ce qui s'opposent à leur croyance, même si tous les grands savants l'ont prouvé scientifiquement.

- Pourquoi la deuxième loi n'est-elle pas considérée comme une loi laïque ?

- L'autre loi, celle de 2010, visait elle à éviter des problèmes de sécurité. En effet, pourvoir justifier de son identité à n'importe quel moment est essentiel. Or, certains criminels avaient eu l'idée de braquer des banques avec des burqas ou des niqabs, pour ensuite plus facilement s'échapper au milieu de la population. Des terroristes peuvent aussi se cacher sous ces vêtements (ce fut par exemple le cas en Tunisie). Ces vêtements, qualifiés de « voile intégral », cachent l'intégralité du corps, visage compris. De plus, nous pouvons être amenés régulièrement à montrer notre visage dans certains lieux pour des raisons de sécurité : pour la récupération des enfants à la sortie d'une école, pour entrer dans une banque, etc. Aujourd'hui, ces lois ne posent plus problème et seule une poignée d'habitants les contestent, et pas uniquement des musulmans. Quand aux autres voiles, qui couvrent la tête de certaines femmes dans la rue, ils sont tout à fait autorisés et c'est bien normal. Les interdire serait totalement contraire à la loi de 1905.

- Comment ces lois ont-elles été accueillies par les musulmans ?

- A l'étranger, souvent très mal. Elles ont été caricaturées comme des lois anti-musulmans. En France, il est difficile de parler de façon générale. Certains musulmans considéraient que ces lois étaient nécessaires tandis que d'autres non. Une partie très minoritaire des musulmans s'y est opposée fortement, en organisant des manifestations et en menant une bataille juridique contre l'État et l'école de la République. L'on peut toutefois dire que beaucoup de musulmans ont eu le sentiment d'être stigmatisés dans ces affaires. N'ayant jamais posé de problème en France, ils se sont vus pointés du doigt, l'islam étant assimilé systématiquement par certaines personnes aux mots « problème », « intégration », « terrorisme », « extrémisme ». Parallèlement, en 2010 ont été organisés des débats sur l'identité nationale. Au cours de ces débats, des propos scandaleux ont été tenus, notamment par des élus politiques. Ce qu'il faut retenir, c'est que ces lois sont des mesures défensives prises non pas contre l'islam, mais contre des courants conservateurs de l'islam venant d'Arabie Saoudite (dont le wahhabisme et le salafisme) ou d'Égypte (les frères musulmans, un courant très actif aujourd'hui au Qatar et en Turquie). Ces courants intolérants veulent imposer leur vision de l'islam à tous les musulmans et ont provoqué des guerres dans de nombreux pays. Certains de ces courants essaient par exemple d'imposer aux femmes le port de vêtements couvrant tout ou une partie du corps de la femme, comme le niqab, la burqa, le hijab ou le jilbeb. Paradoxale idée que de vouloir imposer à toutes les femmes d'exhiber leur pudeur ! C'est un peu comme si on obligeait les gens à se vanter de leur modestie ! Dans des pays comme l'Arabie Saoudite, l'Iran ou l'Afghanistan, les femmes ne peuvent pas s'habiller comme elles veulent. Elles risquent des châtiments corporels, la prison voire la mort, si on considère qu'elles ne sont pas correctement vêtues. Ces courants extrémistes de l'islam se développent fortement depuis la fin des années 1970.

Ils sont essentiellement originaires de la péninsule arabique et sont financés par des familles enrichies par l'argent du pétrole. Ils rêvent d'établir la charia pour tous, au moins par étapes, dans le monde entier, s'attaquant ainsi à la laïcité et la citoyenneté dans notre pays.

- C'est quoi la charia ?

- Il s'agit d'un ensemble de textes religieux dont certains musulmans extrémistes pensent qu'ils doivent inspirer la loi. Pour eux, seuls le Coran (du moins leur lecture du Coran) et des textes racontant la vie du prophète (les hadiths) peuvent être les sources de la loi. Ce principe de la charia s'oppose totalement à l'idée de laïcité ; il est totalement incompatible avec lui. Waleed al-Husseini, un palestinien réfugié en France et persécuté pour son athéisme dans son pays d'origine, explique ainsi que l'islamisme a pour objectif d'imposer la charia dans tous les domaines.

- C'est quoi la différence entre « islam » et « islamisme » ?

- L'islam, tu le sais, est une religion monothéiste, dont le nom arabe signifie la « soumission ». Elle reprend certains éléments de la croyance juive et chrétienne :

certains prophètes sont par exemples communs aux trois religions, comme Abraham (nommé Ibrahim en langue arabe) ou encore Moïse (nommé Moussa en arabe). Elle repose notamment sur un livre sacré, le Coran. Les croyants de l'islam sont divisés en trois grandes familles : les sunnites (de loin les plus nombreux), les chiites et les kharidjites. Tous considèrent Mahomet comme leur prophète, le principal messager de Dieu.

Au sein du chiisme comme du sunnisme, l'islamisme désigne toute forme de courant extrémiste s'inspirant de l'islam pour imposer une lecture conservatrice et rétrograde de cette religion, destinée notamment à limiter les libertés et à justifier une inégalité entre les sexes au profit des hommes. Ces courants rejettent souvent la musique, assignent à la femme une position d'infériorité par rapport aux hommes ou rejettent certaines sciences (comme la philosophie).

- Tu veux dire que tout le monde ne comprend pas le Coran de la même façon ?

- C'est cela... Il y a une multitude de courants dans l'islam. D'ailleurs, il serait plus juste de parler des islams comme d'ailleurs des protestantismes. Il n'y a pas, au contraire du catholicisme, une hiérarchie, avec un chef unique comme le pape, capable de définir de qui relève de la croyance et ce qui n'en relève pas. Entre certains courants très progressistes de l'islam et d'autres très conservateurs (qualifiés donc d'islamistes), les différences semblent parfois plus importantes que les points communs. Même entre courants dits « progressistes », les pratiques peuvent énormément varier. Ainsi, la très grande majorité des musulmans de France est persuadée que tout musulman pieux doit fréquenter une mosquée (le lieu de culte) et faire dans sa vie le pèlerinage à la Mecque, la ville sacrée des musulmans. Toutefois, d'autres musulmans, comme les Druzes, que l'on retrouve en Syrie ou en Liban, ne fréquentent pas les mosquées et ne font jamais de pèlerinage à la Mecque ! Ils n'en sont pas moins des musulmans. Toutefois, ces grandes différences de pratiques religieuses ne sont pas propres à l'islam !

- Chez les chrétiens aussi ?

- Oui, et chez les juifs, les bouddhistes ou les hindouistes aussi... Finalement, trop de gens viennent chercher dans les textes religieux une justification à des prises de position politique personnelles ou collectives qu'ils auraient eu sans s'intéresser à la religion. C'est d'autant plus facile que les textes religieux sont, sur certains sujets, contradictoires d'une page à l'autre. Chez les catholiques, on parle d'intégriste pour désigner les extrémistes ; chez certains protestants, on parle de fondamentalistes. Parmi les juifs, on parle d'orthodoxes. Tu relèveras un problème de vocabulaire. Une confusion se produit souvent dans l'esprit des gens entre islam et islamisme. Les courants extrémistes de l'islam sont désignés par un terme, islamisme, dans lequel le nom de la religion, « islam » apparaît, alors que ce n'est pas le cas pour les autres croyances. L'idéal serait d'inventer un nouveau mot pour désigner les courants extrémistes musulmans, sans faire apparaître le mot islam ; par exemple les « chariaïstes ».

- Et si on devait résumer la laïcité en une phrase ?

- L'on pourrait dire, si l'on est un citoyen laïque convaincu cette phrase un peu longue : « Je ne suis pas de la même sensibilité spirituelle ou religieuse que nombre de mes concitoyens, mais je suis prêt à lutter pour que ceux-ci puissent jouir comme moi d'une totale liberté de conscience et si besoin pratiquer leur religion dans des édifices de culte prévus à cet effet, du moment que leurs convictions personnelles ne troublent pas l'ordre public et ne remettent pas en cause les libertés fondamentales, les règles collectives et les droits sociaux de notre pays, patiemment conquis ou bâtis depuis plusieurs siècles ».

- Toi-même, en tant que professeur d'histoire-géographie, comment respectes-tu cette laïcité dans ton métier ?

- Je ne m'interdis aucun sujet d'étude et je réponds à toute interrogation portant sur le fait religieux de façon totalement neutre. J'essaie de ne jamais influencer mes élèves, en ne portant aucun jugement de valeur sur des croyances ou non-croyances. Surtout, je ne précise jamais mon positionnement personnel en matière de croyance et je demande aux élèves d'en faire de même. J'ai, de par mon savoir et mon statut, une autorité morale et scientifique sur mes élèves. Dire ce en quoi je crois ou ne crois pas serait déjà une façon de les influencer ; cela constituerait une faute professionnelle, car mes élèves ont le droit de se forger leurs propres convictions par l'apprentissage de la raison, sans copier ce que je suis ou ce que je pense. Il est important qu'ils puissent, grâce à leur esprit critique, avoir des convictions et non des **certitudes***. Que je sois croyant d'une religion, croyant sans religion ou non-croyant, cela ne regarde que moi !

Annexe : quelques extraits de textes fondamentaux

Loi Goblet (30 octobre 1886)

Article 17

Dans les écoles publiques de tout ordre, l'enseignement est exclusivement confié à un personnel laïque.

Article 20

Nul ne peut être nommé dans une école publique à une fonction quelconque d'enseignement, s'il n'est muni du titre de capacité correspondant à cette fonction, et tel qu'il est prévu soit par la loi, soit par les règlements universitaires.

Loi de séparation des Églises et de l'État, 9 décembre 1905

Article 1

La République assure la liberté de conscience. Elle garantit le libre exercice des cultes sous les seules restrictions édictées ci-après dans l'intérêt de l'ordre public.

Article 2

La République ne reconnaît, ne salarie ni ne subventionne aucun culte. En conséquence, à partir du 1er janvier qui suivra la promulgation de la présente loi, seront supprimées des budgets de l'Etat, des départements et des communes, toutes dépenses relatives à l'exercice des cultes.

Pourront toutefois être inscrites auxdits budgets les dépenses relatives à des services d'aumônerie et destinées à assurer le libre exercice des cultes dans les établissements publics tels que lycées, collèges, écoles, hospices, asiles et prisons.

Constitution de la Ve République (4 octobre 1958)

Article 1er

La France est une République indivisible, laïque, démocratique et sociale. Elle assure l'égalité devant la loi de tous les citoyens sans distinction d'origine, de race ou de religion. Elle respecte toutes les croyances. Son organisation est décentralisée.

La loi favorise l'égal accès des femmes et des hommes aux mandats électoraux et fonctions électives, ainsi qu'aux responsabilités professionnelles et sociales.

Lexique

Agnosticisme : Idée selon laquelle tout ce qui dépasse le domaine de l'expérience est inconnaissable. Cela induit une forme d'indifférence en matière religieuse, puisque toute divinité est considérée comme inaccessible à l'Homme.

Athéisme : Idée rejetant l'existence de Dieu.

Blasphème : Parole ou acte considéré comme un outrage, une insulte à la religion ou à une divinité.

Caricature : Image humoristique représentant de façon volontairement déformée et grotesque des personnages ou des événements qu'on veut tourner en dérision. L'objectif d'une caricature est de faire réfléchir les lecteurs.

Censure : Examen réalisé à la demande d'un gouvernement sur les publications, émissions ou spectacles, qui peut aboutir à leur interdiction totale ou partielle.

Certitude : Idée qu'une chose est vraie et ne peut absolument pas être remise en cause. Une certitude ne laisse aucune place au doute.

Communautarisme : Idée selon laquelle la société doit s'organiser selon des groupes, appelés communautés, vivant les uns à côté des autres, sans se mélanger. Grâce à ce repli, certaines personnes prétendent avoir le droit de contrôler les comportements et les opinions des autres membres de leur communauté.

Concept : Idée générale et abstraite.

Conviction : Idée dont on est intimement persuadé, généralement grâce à sa réflexion, et qui a un caractère fondamental.

Culte : Pratiques religieuses rendant hommage à des divinités.

Déisme : Idée qui admet l'existence d'un Dieu, mais en dehors de toute forme de religion ou de culte.

Diffamer : Tenir des propos qui portent atteinte à l'honneur d'une personne ou d'un groupe de personnes.

Dogme : Affirmation non prouvée considérée comme incontestable.

Liberté de conscience : Cette liberté désigne le droit d'un individu de pouvoir choisir les valeurs qui vont motiver son existence.

Lumières : Courant de pensée des XVIIe et XVIIIe siècles voulant éclairer l'esprit des gens, en remettant en question les structures politiques et les valeurs traditionnelles. Ils cherchent à expliquer le monde par la raison et non par la religion.

Persécutions : Ensemble de vexations, d'humiliations et de violences infligées à une personne ou un groupe de personnes.

Prosélytisme : Action qui consiste à vouloir convertir d'autres personnes pour en faire de nouveaux adeptes.

République : Régime politique dans lequel le pouvoir n'est pas la propriété d'une personne, mais est exercé par des personnes élues.

Bibliographie sélective

CERF Martine et HORWITZ Marc (dir.), *Dictionnaire de la laïcité*, Paris, Armand Colin, 2011, 352 p.

DUCOMTE Jean-Michel, *La laïcité*, Toulouse, Milan, 2001, 63 p.

EL-HAGGAR Nabil, *La laïcité, ce précieux concept*, Paris, L'Harmattan, 2008, 195 p.

HAARSCHER Guy, *La laïcité*, Paris, PUF, coll. Que sais-je ? N°3129, 6ème édition mise à jour, 2017, 127 p.

KESSEL Patrick, *Ils ont volé la laïcité !*, Paris, Jean-Claude Gawsewitch, 2012, 224 p.

KHALDI Eddy et DEGIVE Éric, *ABC de la laïcité pour les jeunes*, Paris, Demopolis, 2015, 92 p.

KINTZLER Catherine, *Penser la laïcité*, Paris, Minerve, 2015, 222 p.

MAYEUR Jean-Marie, *La séparation des Églises et de l'État*, Éditions de l'Atelier, 2005, 255 p.

MIAILLE Michel, *La laïcité : problèmes d'hier, solutions d'aujourd'hui*, Paris, Dalloz, 2016, 312 p.

PENA-RUIZ Henri, *Dictionnaire amoureux de la laïcité*, Paris, Plon, 2014, 910 p.

SCOT Jean-Paul, *L'État chez lui, l'Église chez elle : Comprendre la loi de 1905*, Paris, Seuil, coll. Points, 2005, 389 p.

Table des matières